Voyage en Berbérie

Jean Foucault

Créateur des éditions *Corps Puce*, il en assure la direction depuis 1988.

Publications récentes en poésie

Constellation d'étoiles, *Éditions Acoria*, 2005.
Les Haïkus des haies, *Éditions Corps Puce*, 2006.

Jean Foucault intervient en formation de formateurs et auprès des jeunes dans le domaine de la poésie.
Chercheur en littérature d'enfance et de jeunesse, il a assuré la coordination d'un dossier consacrée aux littératures de jeunesse subsahariennes, dans la revue *Études littéraires africaines*, éd. Karthala, 2006.

www.editions-du-jasmin.com
Dépôt légal 3e trimestre 2006
ISBN 2-912080-64-9

Jean Foucault

Voyage en Berbérie

Illustrations de Sanaa Bezzaz

Ouvrage publié avec le concours
du Centre National du Livre

ÉDITIONS DU JASMIN

Constellation du nomade

Le nomade a des attaches élargies
Son territoire est plus vaste
Que celui de nos habitudes sédentaires.

Ici
Nous sommes
En Berbérie

Son chez-lui

De cet infini-ci
À cet infini-là.

L’homme du troupeau avance
Quasi nu-pieds

Il a les « pieds pomme de terre »

Je n’ai jamais vu un état si proche de la patate

L’homme est poussière peut-être

Terre,

sûrement.

Les moutons l'homme et le loup

Un troupeau de moutons sur des espaces vides
Même des moineaux
Ici
N'auraient rien à brouter.
Mais les moineaux ne broutent pas.

Les moutons
Ne sont pas des moineaux,
Ils ne volent pas
Ils broutent
Et demeurent
Les pieds sur terre

C'est pourquoi l'homme a décidé de les protéger.
– Si nécessaire –
Contre le loup !

Le loup et l'homme aiment tous deux le mouton.

Pour le loup, l'homme est un hypocrite.
Mais l'homme se moque du loup dont il n'aime pas la chair.

En attendant les moutons continuent à brouter
Ou à faire semblant
Car,
À quoi bon grossir trop vite,
Dans ces conditions ?

Les nomades et la fronde

Elle lance
Avec grande sûreté
La pierre,

La fille à la fronde,
Aux ongles vifs,
Colorés.

Il regarde la scène
Le père nomade,
L'homme aux tristes savates.

Avec ses 950 chèvres et moutons,
Il peine à nourrir
Les « pieds pommes de terre »
De toute la famille.

Vallée d'Asif Ounila

Chameau blessé

Le méhariste
A posé une attelle.

Cela suffira-t-il ?

L'homme et la bête
immobilisés pour longtemps.

Hache en main
– une toute petit hache – ,
Cet homme n'a plus rien à manger,
et demande des vivres.

L'homme et son chameau
Traversaient
Seuls
L'espace de cette vallée sèche.

Visite de deux tentes,
Berger,
Femme,
Filles et tout petit garçon.

La tente est ouverte à tout œil.

Tentes très basses,
Ouvertes sur elles-mêmes.

La femme édentée
– celle-ci n'a pas encore de dents en or –
Nous montre comment l'on tisse.

Crottes partout.

Les enfants vivent
Et se traînent
Et mangent
Dans cet ensemble.

Une femme semble porter sur son dos
Au moins un,
Sinon deux
Bébés bien emmitouflés
Dont on ne voit même pas le crâne.

Elle est enceinte.

Le torride alentour nous pèse.

Coq sur le faîte

Coq outré de notre intrusion

Coq se sauve

Et voilà tout.

Chèvres sur les arganiers.
Flash de grand soleil.

Tout à l'heure,
Nous serons loin.

Les bêtes seront-elles
Redescendues sur terre ?

Nomade,

Le soleil,

Incertain en la maison

Si peu chez lui
Que déjà il ressort

Avec adresse.

Trois moutons morts

Heurtés par la soleil
Ou les voitures ?

Hantés

Par les djinns
Ou par les hommes ?

Ils troublent

Notre quiétude
Ou le mouvement de la terre ?

Deux bergers après Ouarzazzate

Suppose que
L'un harangue son troupeau
D'un beau discours
Troué de nonchalance

Suppose que
L'autre en chapeau breton
Et canne de même origine
Tourne le dos

Suppose que
Tu te demandes si ne fume pas
Celui qui
Tourne le dos

Suppose que
Tu le vois boire
L'eau de source

Suppose
Que ne tu ne fasses
Que passer.

Les caravanes d'autrefois venaient troquer sels et épices
Contre la nourriture.

Le sédentaire échangeait ce qu'il avait
Contre les produits qu'il convoitait.

Les textiles à étaler dans les maisons de villes,
Participaient à l'échange.

Dans la maison le tapis
Est continuation de la vie nomade.

Dans la demeure
Le tapis

Né sous la tente
Continue le nomade.

Il protège
Du sable chaud et des scorpions

Il maintient
Le plaisir du pied nu.

À Théodore Monod,
glaneur de proverbes
et de fleurs du désert

La rencontre de hasard laisse toute chance
Au destin.

La connaissance intellectuelle,
La préparation logique,

Ne sont rien

S'il n'y a
Engagement du corps.

Ainsi les rendez-vous même
Doivent devenir hasard

Au-delà de toute demande,
Au-delà du connu,
Du su,
Du venu,
Il y a plaisir au vu

Il y a plaisir
Au surgir

À l'inconnu.

Beau désert intérieur

Chacun dispose d'un territoire secret
Où l'autre ne peut pénétrer.

Chacun y garde un peu d'eau
Pour la soif.

Jeune corps affaissé
Endormi
Sur le marchepied d'un camion,

Ce corps émerge
À demi
Du moteur,

Génie
Recroquevillé,

L'Aladin-chauffeur
Bientôt va revenir
Et réparer,

Le corps
Endormi
Réveillé au retour

Tiendra la lampe.

Peinture blanche sur les pierres
Balises de la piste
Dans les gorges du Dadès…
Ici un oiseau,
Là un chapeau chinois,
Puis un crabe.

De temps à autre un rien,
Un petit rien
D'une grande présence.

Au-dessus voltigent des vautours,
De grands vautours
D'une grande présence.

Constellation du désert

(diminué du dromadaire)

Tourbillon 1

Toujours un tourbillon nous précède,
Toujours nous traversons
Un monde en marche

Palmeraie asséchée
Au midi de ce jour

Il ne reste que les arêtes
De la palmeraie

Les arêtes
Sèchent au vent chaud

Tourbillon sur la route
Le vent se lève

La tempête de sable
Se déclenche

C'est au désert que prend naissance
Le génie de la lampe

Le voici en tourbillon déjà
Au-dessus du goulot

Un instant entrouvert.

Tourbillon 2

Du 2 je ne dirai rien
Il faut conserver
Des images à soi.

C'est du silence
Que naît l'image.

Tourbillon 3

Face à nous.
Vient de naître
Un nouveau tourbillon

Comment en capter
La trace
Vivante,
Sensible,
Invisible déjà,

Comment ?

Sable tourmenté
Crainte de n'y plus voir,
Les yeux piqués,
Crainte de l'effacement

Crainte de se retrouver
Grain de sable ?

Vaut-il mieux être poussière,
Cendre
Ou grain de sable ?

Nuit sur la terrasse

Grande nuit de lune
Grande terrasse

La lumière ne s'éteindra pas.

Terrasse si grande
– Chacun chez soi ! –
Qu'on a le sentiment
D'être

Chacun
Dans l'intimité
Dans l'entre Soi
Où la nuit demeure.

Matin-dune

D’abord la nuit.

Allons sur la dune !

Traces de scarabée,
De fourmillantes fourmis
De souris.

Un corbeau
Vu

Un autre oiseau
Élancé

Puis le lever du soleil.
Sur une petite dune.

Chacun y parfait son monde.

Merzouga d'avant l'aube

Les dromadaires avancent
Avec précaution
Sur la pente douce
Des dunes,

La pente
Éclairée
Par la lampe
Des chameliers,

Effacées
Les traces d'hier.
Le vent de sable
Est passé.

Le tout petit rayon lumineux
Va lui aussi
produire des traces
Vite effacées.

Demain, à la nuit d'aube,
Il faudra de nouveau
Créer des repères
Au milieu des grains de sable.

Mille fourmis du désert

Fourmis grouillantes
Sur un petit espace de désert.
Qu'est-ce qui les attire
En cet instant

Précisément

Dans cet ici ?

La vie partout se niche
Dès que du peu
Du bien peu
Est advenu.

Ainsi la planète tourne
Au pas du dromadaire
Au pas de la fourmi.

Mais on rêve déjà
D'une planète Mars
Où ni fourmi ni dromadaire
Ne se meuvent encore.

Vélo de source

Parfois les vélos nichent dans les arbres.
Alors on sait être arrivé au désert.
Est, Ouest, Nord, Sud
Partout l'horizon.

Ne grouille ici
Que l'horizon
Et son soleil
Et sa brume.

Les lignes de fuite
Ne permettent pas
La fuite.

D'un seul côté se trouve le puits
Et le vélo en annonce la venue.

Au désert il y a
Des sources sans vélo
Mais jamais
De vélo sans source.

Parfois naît un vélomoteur
Le sable soudain pétarade

Nous sommes aux marges du désert
D'où surgit l'insecte-vélomoteur

Entre la déjà lointaine palmeraie
Et Merzouga.

Étape à l'oasis

Un bédouin
Accompagné d'un dromadaire

Ils quittent l'oasis

Ils passent
Au pied d'un dattier
Coupé

Le ciel est immense

La chaleur est grande

Et nous allons quitter
À notre tour

Les yeux des grenouilles
De l'oasis
Où se reflète

Le ciel immense.

Le suceur de cailloux

Si l'on suce les cailloux le matin,
À la rosée,
On tient toute la journée.

En plein jour les cailloux sont brûlants.

On ne peut mettre dessus
Ni les mains
Ni les pieds.

On peut emporter
Pour la route
Un caillou.

Et rêver de la fraîcheur du matin
En le suçant à midi.

Une poule pour un désert

Cuire l'omelette
Sur la pierre ?

On ne prévient pas assez
Les voyageurs
Alors
Ils arrivent au désert
Sans un œuf de voyage

Je suis ainsi passé,
Moi aussi,
À côté d'une expérience irremplaçable

La prochaine fois j'apporterai
Une poule pondeuse.

Dans le désert on doit prendre ses repères
Simultanément
Dans les quatre directions

Sinon

Grand risque
De perdre

Le monde entier

Que l'on emporte
Avec soi.

Campement :
Deux tentes nomades
Et un cimetière touareg
Composé de petites pierres dressées.

On imagine la peine
À creuser le maigre trou
Pour y déposer le corps
Dont la peau ne crissera plus.

On imagine le passage des caravanes
Berbère après berbère
Dromadaire après dromadaire
Tente après tente
De siècle en siècle.

On imagine
La pression
Du désert

Qui pousse

Imperturbablement

Le monde

Vers la sortie.

En ce moment

Les méharistes extraient la boue du puits
Pour que les bêtes puissent enfin boire.

Un homme est au fond
Sous plusieurs mètres de terre et de sable,

Et l'on ramène
Un à un,
Main à main,
Pas à pas,
Seau à seau,

La boue.
Enfin atteindre l'eau !

Les hommes ont le sourire,
Car le bienfaisant fluide
Émerge un peu

Les dromadaires ont le sourire,
Bien que m'échappent
Les nuances de leur visage.
Ils commencent à voir émerger
Le sourire chez les hommes.

Ils commencent à humer
L'humide.

L'âne seul est triste.
Il ne croit qu'à ce qu'il boit.

Mirage en Iriki

Au fond du lac
Asséché
Se forment les mirages.

Je les attends
Je me tiens sage
Devant eux

Peu me verront
Car ce n'est que sous certaines conditions
Bien particulières
Que je puis apparaître ici.

L'absence est mon mode d'être
Le plus fréquent

En Iriki.

Petit mirage sonore

Bruit sec et mou,
Frémissant et léger,
Au fond du lac salé.

On croit entendre des abeilles
Elles se préparent à voler
Pattes prenant appui
Sur la réserve de miel d'où elles émergent.

Au final
L'image
Seule

Elle coule
Emportée par le son
Qui bientôt disparaît.

Les Touaregs effectuant des razzias
Empoisonnaient certains puits
Pour assoiffer leurs ennemis.

Il n'est pas besoin d'être face à face pour tuer

La guerre moderne le sait aussi.

Le grain

Tout paraît si proche
Et tout est pourtant
Si loin
Avant d'en venir à fleur.

De fleur de peau
À rose des sables :
Le grain.

Quelqu'un affirme avoir entendu de la musique
Dans la maison d'en face

Que l'on construise une maison à partir d'un beau mirage
Passe encore.

Mais qu'on y perçoive une musique,
Cela dépasse l'entendement.

Je ne voudrais croire qu'aux seuls mirages
Qu'il m'est donné de toucher des yeux.

Pourquoi ne pas accorder crédit
Aux mirages sonores ?

La nouvelle circulait,
À l'heure de se mettre en marche

« Une jeune Tchèque
Égarée dans les dunes
N'a pas été retrouvée. »

Dès lors qu'elle s'éloignait du lieu d'attente,
En quelle direction la chercher ?

Ici l'on n'est même pas une aiguille dans une botte de foin.

Ici ne fourmillent que les grands d'horizons

Le vaste est peuplé
De plus de morts que de vivants.

La mort par la soif
Doit être la plus atroce.

Mais en vérité
Je ne sais pas.

Je n'ai l'expérience d'aucune mort.

Trop jeune encore
Pour être mort.

Le désert n'est pas seulement ciel bleu et soleil jaune.

Difficile à dire ce qu'est le désert !

Le ciel certains jours certains soirs
Recouvert de brume de chaleur
Disparaît

Et s'enfuient alors les lointains.

Quand l'infini n'a plus de limite
Où sommes-nous ?

Lointains pour les autres.
Nous disparaissons aussi.

Il ne reste rien

Que le sable.

Au vent de l'est

La vieille,
La ridée,
Le regard

Et le chergui

Désert au soir

Maintenant la danse
Maintenant,
Tout de suite
Là

Leïla

La danse
Le regard

Et l'instant

Leïla.

Constellation du dromadaire

(augmenté du désert)

Le rythme des dromadaires

Je songe à cette forme
À ces rythmes

Poésie bédouine
En connivence
Avec le rythme des dromadaires.

Quelques jours ne suffisent pas
Pour produire au fond de soi

Ces poèmes à pas de ruminant.

Dromadaire pomme de terre

Il est
De visage

Une pomme de terre

Le dromadaire

Muni d'un œil
Ce qui est coutume
Pour les patates.

Un œil qui s'ouvre et qui se ferme,

Qui fait tourner la tête.

Une pomme de terre qui rumine.

C'est au clignement de l'œil
C'est à la capacité de ruminer
Qu'on les distingue.

Le caméléon en patate craquelée

Pomme de terre aussi le caméléon !
Mais pomme de terre uniquement sur la terre ocre !

Il n'hésitera pas
Dans le feuillage de la palmeraie
À devenir vert

La véritable pomme de terre
N'a point de honte,
Quand vient le vert.

Si elle se cache
Ce n'est point de vergogne
Mais pour grandir.

L'aigle la laisse pousser
Mais il se mêle de la vie
Du caméléon.

C'est à cela qu'on distingue,
Sur la terre ocre
La pomme de terre et le caméléon

Dans l'arrière-gueule des dromadaires
La boulette verte
La boulette
Qu'ils mâchent
Et mâchent
Et mâchent

Sans fin.

Je suis heureux d'avoir aperçu cette boulette
Au fond de leur gosier,
Et plus précisément la boulette de ce dromadaire-ci
Qui continue son lent mouvement
Et se tourne vers moi.

Il reste zen un bon moment.

Soudain il blatère :
On ose tenter
De le lever
De le surprendre
En plein repas permanent.

Le dromadaire ne se cache pas.
Pourrait-il se fondre dans le désert ?
Son ocreté le rend proche
Proche des pierres qu'il foule
Plus que du sable.

Il est pomme de pierre.

Il ne peut se cacher
Car il est
Montagne
Sur la dune.

La pomme est de terre.

Elle se fabrique
– peau et corps –
Sous la terre,

Pour en sortir fendillée,
Croquevassée.

Le chameau est de pierre.

Il se fabrique
– poils et corps –
Suspendu au-dessus

Du sol qu'il domine
Quoique

Croquevané de naissance.

Le dromadaire errant

Chameau-dromadaire,
Seul,
Aperçu quittant la dune.

Chameau errant,
À la recherche de sa belle ?

Ou,
Tout simplement
Chameau au pâturage ?

Le pâturage ici est immense
Avec si peu à grignoter !

Nous rencontrerons
Isolés,
D'autres dromadaires,

Formes mouvantes,
Émouvantes parfois,
À la tombée du jour.

Dromadaires parvenus,
Ce jour-là,
Au terme de leurs ombres.

Dromadaire errant,
Isolé,
Avant Foum Zguid.

Il aura du mal à s'échapper du désert.
Il est bien gardé par le sable et les pierres.

À charge pour le méhariste de le retrouver
quand il aura besoin de l'animal.

Cela peut lui prendre
Quelques heures

Des mois
Une vie

On ne compte pas
Sur les horloges
Dans le désert.

Dromadaires

Sur la route,
Camion de transport de dromadaires.

Ils étaient assis,
Sans doute entravés.

Où était-ce ?

Vision fugace.
Dans l'immense de la vie.

Dromadaire mort
Au bord de la piste.
Un égaré mort de soif.
Il s'est trop éloigné du troupeau
Il n'a pas su le retrouver à temps.

Un mort récent,
Avec sa peau,
Ses dents,
Sa gueule béante.

Les dents vont demeurer ici des millions d'années
Si un chercheur ne s'en empare pas pour quelque analyse.

Un peu de froid dans le dos
S'insinue maintenant en moi

Un froid qui ne rafraîchit guère
Même si voici que pour ce jour
Le soleil met un terme à son harcèlement.

L'arbre-dromadaire,
Assis
Et chargé

C'est le vent
Qui donne cette impression
Qu'il rumine
Et blatère

Mais le vent n'est pas prêteur
Il reprend
Cette impression.

Constellation

des villes et palmeraies

Les trois aveugles

Trois aveugles
L'un récite les sourates qui poussent à l'aumône.
Les deux autres tiennent chacun l'épaule de celui du devant
canne levée.

On se croit dans un tableau de Brueghel.

Étonnante rencontre
Là
Entre Djemaa el Fna et le palais Bahia.
Des aveugles culturels.

Prendre une photo serait faible
Pour intérioriser l'image.

Je retrouverai plus tard chez Elias Canetti
Un identique souvenir de Marrakech.

Je me souviens aussi du conte soudanais
Les aveugles et l'éléphant
Le Soudan
De l'autre côté du désert !

Je me souviens enfin du personnage de Fouad Laroui
(Le Parachutiste)
Frappe un jour à sa porte une très belle femme
« sortie d'un tableau de Rembrandt »
(Fouad Laroui demeure à Amsterdam).

Quand elle le quittera
Quelques mois plus tard
Le personnage se consolera en disant
« il me reste le Rembrand »

De Marrakech et de ses aveugles
Il me reste tous les fils que j'ai tirés
Et plus encore.

Nuages au-dessus de nous.

Des gens sur un banc,
Déjà nombreux,
Si tôt matin !

Nuages.
Mais ce n'est pas ici que les nuages dessinent des moutons.

Il faut descendre plus loin.

Vieil homme en djellaba blanche,
Assis à l'entrée d'une médersa.

Il regarde tant sa montre
Qu'il semble vouloir entrer en elle.

Il y a apparence qu'en fait il ne voit rien
Ni de la montre ni de la rue.

Son œil est disposé
Pour une vue intérieure.

Pauvre organe de la vue
Incapable de se voir lui-même.

Il existe sûrement un autre monde
Où cela serait possible.

La terrasse est toujours un chez-soi
L'œil indiscret
Ne doit pas y vagabonder

À moins que l'indiscret
N'y soit invité.

Le statut de l'œil invité
N'est plus un statut de voyeur.

Fragile la limite

Entre l'offense

Et la caresse.

Dentistes et bouches cousues

(« foum » : la bouche)

On ne montre pas les dents chez les Touaregs.

Les dents sont tenues au secret.

À Tiznit la boutique du dentiste dispose d'une pancarte
Montrant un visage bouche ouverte.

Le dentiste est très présent, dans toutes les petites villes en bordure de désert.
On ne s'y attend pas à croire les doléances des nomades.
Ils demandent tous de l'aspirine pour soigner des rages de dents.

Ils n'ont pas le temps d'aller plusieurs fois chez le dentiste
Trop loin

Ils attendent que les dents pourrissent et tombent
Trop chères à réparer

Ils installent alors pour leurs femmes des dents en or
Pour sourire en beauté.

Au désert le dentiste est un orfèvre.

L'eau coule dans les rigoles d'alimentation de la palmeraie.

L'eau musicale s'écoule
Sous un palmier
Et reparaît

Dododo
Sol mi dodo
Sol
Mi…

Le cycle reprend,
En continu

Le beau do du bas,
Seul,
Est glauque

Mais c'est une belle couleur
Le glauque.

Bibliothèque du désert

Livres à Tamegroute.

L'un vient de Cordoue,
Daté de 1063.
Couverture en peau de chamelle.

On a apprivoisé des chamelles
Pour bien moins que cela !

À la fin du seizième siècle
Ben Asmis fut le fondateur
De cette bibliothèque du désert,

Il revient de temps à autre

– Je suppose –

Afin de contempler
Et parler

Aux grains de sable qu'il a connus.

Rue souterraine de Tamegroute

À trois niveaux.

Au-dessus plane un grand oiseau noir.

En nous la pression du soleil

Immense.

À Trindel
Mosquée des Almohades

Vainqueurs
Les Almohades n'avaient jadis
Respecté que la seule mosquée,
Ils ont détruit toute autre trace humaine
Dans la vallée.

Heureusement Dieu planait
Au-dessus de la montagne
Ces jours-là

Bien lui en prit,
Ils furent épargnés,
Lui et sa mosquée.

Dans ce village
Le four peut cuire dix moutons à la fois.

Il existe des fours où l'on peut cuire
Jusqu'à vingt bêtes.

On peut évaluer la population
Et le rayonnement
Du village

Uniquement en observant
La taille de ses fours.

Éloge de l'art de l'à-peu-près

Le développement de l'à peu près de l'art musulman. On pense d'abord que tous les motifs sont semblables, puis en regardant attentivement, en caressant avec la main, s'il le faut, on voit que ces labyrinthes sont composés chacun à partir d'un compas dans l'œil.

Il faut entrer dans le labyrinthe, ne pas rester touriste-zappeur qui ne voit que la surface totale. N'existerait alors que le réflexe de l'appareil photo.
Et cela ne laisserait du voyage, en toute logique, que le stade du cliché.

Quand on pénètre dans les entrelacs on voit qu'ils sont tous semblables et différents, faits mains.
On retrouve la main, l'œil, la sueur, le temps du constructeur habile de cette sculpture en stuc.
Un enduit certes facile à travailler, mais à si grande surface, il suffit d'un rien pour que tout bascule dans l'inaudible.

L'ensemble est beau, de la beauté de l'œuvre.
Elle est habitée et pas seulement par Dieu.
Allah est grand quand l'homme se tient debout à façonner les murs que nous lui élevons.

Les palmeraies sont-elles en pente ?
De loin – d'avion ? – , non.
Mais de près, oui.
Et si l'on court, que de murs et de bosses, de creux et de
ressauts, ne perçoit-on pas !
Et l'écoulement des eaux, l'ensemble des canaux d'irrigation
à pente minime, à travailler, à surveiller en permanence !
Civilisation de l'eau, tenue en respect.
Civilisation de la joie de l'eau, de sa gabegie, quand elle
sourd de source.

Rencontre avec l'inexistence

Toit de la kasbah
Un petit volet en bois
À demi fermé
Grince au vent.

Il émet un son
De femme gémissante.

Un son si perceptible
Qu'on doute de l'existence
De la kasbah.

Reste l'existence
De la femme.

Soudain survient
Un parasol,

Il surmonte
Deux grands sacs
Noirs

Sacs à souk

Et une natte roulée

Le tout précairement trimballé
Sur un vélo

Quelque part
Ici là-bas.

Dernière image

Mahmud lance un caillou
Avec une telle détermination,
Un tel élan,
Qu'on a bien peur que ce ne soit lui
Qui tombe au loin

Et que le caillou reste en l'air

Dans la mémoire de sa main.

Imprimé en France. - JOUVE, 11, bd de Sébastopol, 75001 PARIS
N° 404938E - Dépôt légal : Juillet 2006